BEI GRIN MACHT SICH IHR WISSEN BEZAHLT

AF141634

- Wir veröffentlichen Ihre Hausarbeit, Bachelor- und Masterarbeit

- Ihr eigenes eBook und Buch - weltweit in allen wichtigen Shops

- Verdienen Sie an jedem Verkauf

Jetzt bei www.GRIN.com hochladen und kostenlos publizieren

David Gomez Garcia

Familien in der Einwanderungsgesellschaft: Erfahrungen in Bezug auf Informationen über Bildungsmöglichkeiten

GRIN Verlag

Bibliografische Information der Deutschen Nationalbibliothek:

Die Deutsche Bibliothek verzeichnet diese Publikation in der Deutschen National-
bibliografie; detaillierte bibliografische Daten sind im Internet über http://dnb.d-
nb.de/ abrufbar.

Impressum:

Copyright © 2011 GRIN Verlag GmbH
Druck und Bindung: Books on Demand GmbH, Norderstedt Germany
ISBN: 978-3-656-35004-0

Dieses Buch bei GRIN:

http://www.grin.com/de/e-book/207355/familien-in-der-einwanderungsgesellschaft-
erfahrungen-in-bezug-auf-informationen

GRIN - Your knowledge has value

Der GRIN Verlag publiziert seit 1998 wissenschaftliche Arbeiten von Studenten, Hochschullehrern und anderen Akademikern als eBook und gedrucktes Buch. Die Verlagswebsite www.grin.com ist die ideale Plattform zur Veröffentlichung von Hausarbeiten, Abschlussarbeiten, wissenschaftlichen Aufsätzen, Dissertationen und Fachbüchern.

Besuchen Sie uns im Internet:

http://www.grin.com/

http://www.facebook.com/grincom

http://www.twitter.com/grin_com

Evangelische Hochschule Darmstadt
Bachelorstudiengang Soziale Arbeit

Modul-Nr.: 7

WS / SS: SS 2011

Abgabetermin: 29. August 2011

Art der Modulprüfung: Forschungsbericht

Forschungsfrage:

„Welche Bildungsbiografien und Erfahrungen haben MigrantInnen bzw. AusländerInnen mit mindestens einem nicht-deutschen Elternteil in Bezug auf Informationen über Bildungsmöglichkeiten gemacht haben und welche gesonderten Bedarfe sie bezüglich dieser Informationen"

Titel der Lehrveranstaltung:
Familien in der Einwanderungsgesellschaft

David Gomez Garcia

4. Semester

Inhaltsangabe

Einleitung

Dieser Forschungsbericht widmet sich dem Thema „MigrantInnen und AusländerInnen an deutschen Universitäten und (Fach-)Hochschulen". Hierbei wird der Frage nachgegangen, welche Bildungsbiografien und Erfahrungen MigrantInnen bzw. AusländerInnen mit mindestens einem nicht-deutschen Elternteil in Bezug auf Informationen über Bildungsmöglichkeiten gemacht haben und welche gesonderten Bedarfe sie bezüglich dieser Informationen haben.

Zu diesem Zweck wurde für die Arbeit ein statistischer Zugang gewählt, um die Situation der Zielgruppe fundiert darstellen zu können.

Viel hat sich bewegt, seitdem 1998 die rot-grüne Regierung zum ersten Mal anerkannt hat, dass Deutschland ein Einwanderungsland ist. (vgl. Mark Terkessidis 2010, S. 7)

„In den großen Städten sind heute mehr als ein Drittel der Bewohner nichtdeutscher Herkunft; bei den unter Sechsjährigen bilden die Kinder mit Migrationshintergrund sogar schon die Mehrheit." (Mark Terkessidis 2010, S. 7)

Bildung ist eines der zentralen Themen des 21. Jahrhunderts und besonders in Deutschland kommt Bildung eine Schlüsselqualifikation zu.

„Das Bildungssystem hat durch die Vermittlung von Wissen und die Vergabe von Zertifikaten einen entscheidenden Einfluss auf die soziale Platzierung seiner Absolventen und daran geknüpfte Lebenschancen: Je höher der erreichte Abschluss, desto größer die Chancen auf den gewünschten Ausbildungs- oder Studienplatz und damit im Allgemeinen auch auf die spätere berufliche Position." (Statistisches Bundesamt 2006, S. 481)

Weiterhin zeigt sich, dass AusländerInnen bzw. Personen mit Migrationshintergrund an (Fach-)Hochschulen und Universitäten in Deutschland deutlich unterrepräsentiert sind. Dabei ist dies nicht Ausdruck geringerer Studienbereitschaft, sondern der bereits in den vorangegangenen Bildungsstufen stattgefundenen Selektionsprozesse. (vgl. Bundesamt für Migration und Flüchtlinge 2009, S. 7)

Zunächst einmal wird zu Beginn dieser Arbeit der Ausdruck „Migration" definiert. Dies beinhaltet auch die Darstellung der Diskussion um den Begriff „mit Migrationshintergrund".

Hieran schließt sich die Darstellung der akademischen Ausbildung von MigrantInnen und AusländerInnen in Deutschland an und der Fokus wird darauf gelegt, warum, wie schon angesprochen, AusländerInnen und MigrantInnen an deutschen (Fach-)Hochschulen und Universitäten unterrepräsentiert sind. Dem folgt die Erläuterung der Forschungsfrage und die Darstellung des Zugangs zum Forschungsfeld sowie der Forschungsmethodik. Der Hauptteil der Arbeit besteht aus der Auswertung der erhobenen Daten (Quantitative und Qualitative) anhand der qualitativen Inhaltsanalyse nach Philipp Mayring.

Am Ende der Arbeit steht eine Zusammenfasssung der Ergebnisse, ein Fazit und die Perspektiven für die Handlungsfelder der Sozialen Arbeit.

1. Migration in Deutschland

Migration definiert sich über die räumliche Verlagerung des Lebensmittelpunktes einer Person (vgl. Bundesministerium des Inneren 2008, S.12).

„Zu den Menschen mit Migrationshintergrund zählen alle nach 1949 auf das heutige Gebiet der Bundesrepublik Deutschland Zugewanderten, sowie alle in Deutschland geborenen AusländerInnen und alle in Deutschland als deutsche Geborenen mit zumindest einem zugewanderten oder als AusländerIn in Deutschland geborenen Elternteil." (Statistisches Bundesamt 2008, S. 6)

Laut dem Statistischen Bundesamt lebten im Jahr 2009 15,7 Mio. Menschen mit Migrationshintergrund (MigrantInnen) in Deutschland inklusive 7,22 Mio. AusländerInnen. Dies sind 19,2% der Gesamtbevölkerung in Deutschland (vgl. Statistisches Bundesamt 2009, S. 32). Man kann also davon ausgehen, dass von den in Deutschland lebenden Personen annähernd jede fünfte Person einen Migrationshintergrund hat.

Eine erweiterte Definition des Begriffes „Migration" nennt Ute Koch:

„Migration zielt zunächst auf die Realisierung von Lebenschancen an räumlich anderer Stelle. Kriterium dafür ist der Zugang zu Ressourcen wie Arbeit, Bildung, Einkommen und Gesundheit." (Ute Koch 2009, S. 175)

Laut dem Bundesministerium des Innern setzt sich die Gruppe der Migranten im Wesentlichen aus folgenden Personengruppen zusammen: EU-Binnenmigranten, nachziehenden Ehegatten und Familienangehörigen von Drittstaatsangehörigen, Spätaussiedlern, Flüchtlingen, Asylsuchenden, Werksvertrags- und Saisonarbeitnehmern sowie weitere zeitlich begrenzte Arbeitsmigranten aus Nicht-EU-Staaten, ausländischen Studierenden (Bildungsausländern) und jüdische Zuwanderern (vgl. Bundesministerium des Innern 2008b, S. 19).

Unter dieser Gruppe der MigrantInnen in Deutschland werden selbst zugewanderte Personengruppen (erste Generation) ebenso verstanden wie in Deutschland Geborene, von denen mindestens ein Elternteil zugewandert ist (zweite Generation) (vgl. Die Beauftragte der Bundesregierung für Migration, Flüchtlinge und Integration 2009, S. 16).

Die Begriffe MigrantInnen, Menschen mit Migrationshintergrund, Ausländer etc. werden oftmals synonym für die gleiche Bevölkerungsgruppe in Deutschland verwendet. Bei genauerer Betrachtung ergeben sich jedoch grundsätzliche Unterschiede. So ist es sinnvoll, zwischen Deutschen mit Migrationshintergrund und Ausländern ohne deutsche Staatsangehörigkeit zu unterscheiden.

Der Kollektivbegriff „Migranten" fasst laut dem AWO Bundesverband, unterschiedliche Gruppen[1] zusammen und ermöglicht es, so die Bedürfnisse und den Bedarf von MigrantInnen unabhängig vom rechtlichen Status in den Blick zu nehmen (vgl. AWO Bundesverband e.V. 2009, S. 140).

„Dies ermöglicht also auf der einen Seite eine sozialpolitische Gleichbehandlung von Einwanderungsverläufen und richtet den Blick auf Integrationsleistungen, die für alle EinwanderInnen gelten. Auf der anderen Seite verhindert er die differenzierte Wahrnehmung von individuellen und gruppenspezifischen Migrationsverläufen" (AWO Bundesverband e.V. 2009, S. 145f.). Trotz der Unvollkommenheit des Begriffes „MigrantInnen" ist es am sinnvollsten ihn zu verwenden.

Seit dem Mikrozensus unterscheidet man bei Statistiken, welche sich auf Gesamtdeutschland beziehen, nicht mehr nur zwischen Deutschen und Ausländern, sondern betrachtet auch Menschen mit Migrationshintergrund, auch MigrantInnen genannt, als separate Gruppe.

Die Begriffe „MigrantInnen" und „Menschen mit Migrationshintergrund" können hingegen synonym verwendet werden. So verwendet der dritte Armuts-und Reichtumsbericht der Bundesregierung aus dem Jahr 2008 den Begriff „MigrantInnen".

Dies verdeutlicht, dass sich die deutsche Politik und insbesondere die unterschiedlichen statistischen Landesämter noch auf keine einheitliche Richtlinie in Bezug auf die Betrachtung der Bevölkerungsgruppe der AusländerInnen und Nachkommen von EinwandererInnen geeinigt haben.

Eine detaillierte Aufschlüsselung dieser Personengruppe ist mit den Ergebnissen der Zensusbefragung aus dem Jahr 2011 zu erwarten.

Ein weiterer wichtiger Punkt ist, dass Deutschland seit den 1960er-Jahren einen Wandel in seiner Ausländer- und Einwanderungspolitik durchlaufen hat.

---

[1] Z.B. EU-Bürger, Spätaussiedler, Drittstaatsangehörige, Asylsuchende, Angehörige der zweiten, dritten, vierten oder gar fünften Einwanderergeneration

Karl-Heinz Meier-Braun stellt in seinem Artikel „Der lange Weg ins Einwanderungsland Deutschland" fest, dass in Deutschland ein Perspektivenwechsel weg von den Gastarbeitern und hin zur Integration in die deutsche Gesellschaft stattgefunden hat und Deutschland ein Einwanderungsland geworden ist. Doch er sieht auch noch großen Handlungsbedarf bei der Integrations- und Zuwanderungspolitik (vgl. Meier-Braun 2007, S.21-40).

Der Arbeiterwohlfahrt (AWO) Bundesverband stellt ebenso fest, dass Deutschland ein Einwanderungsland geworden ist (vgl. AWO 2009, S. 138).

Dass dieser Perspektivenwechsel noch nicht abgeschlossen ist, zeigt sich an den begrifflichen Schwierigkeiten, wenn die in Deutschland lebenden Personen mit einem Migrationshintergrund betrachtet werden.

2. Akademische Ausbildung von MigrantInnen und AusländerInnen in Deutschland

Wie bereits in der Einleitung angesprochen sind Ausländer bzw. Personen mit Migrationshintergrund an (Fach-)Hochschulen und Universitäten in Deutschland deutlich unterrepräsentiert. Dabei ist dies nicht Ausdruck geringerer Studienbereitschaft, sondern der bereits in den vorangegangenen Bildungsstufen stattgefundenen Selektionsprozesse. (vgl. Bundesamt für Migration und Flüchtlinge 2009, S. 7)

Im Folgenden werden zentrale Faktoren für die eben benannte Unterrepräsentation von MigrantInnen an deutschen (Fach-)Hochschulen bzw. Universitäten genannt.

2.1 Exkurs 1: Schulbildung von MigrantInnen in Deutschland

Die Ursachen für die Differenz der Bildungsverläufe zwischen SchülerInnen mit und ohne Migrationshintergrund sind vielschichtig und stehen in einem komplexen Zusammenhang. Zunächst einmal sind hier außerschulische Aspekte zu nennen. Die gesellschaftliche Organisation von schulischer Bildung setzt – im deutschen Bildungssystem mehr noch als in anderen Ländern – familiäre Ressourcen voraus. Hierzu zählen Kenntnisse über die Bildungsinstitutionen, ihre Arbeits- und Funktionsweise und die Rolle der Lehrenden. Neben die Bildungsferne tritt die sozial-ökonomische Schlechterstellung der Migrantenfamilien, denn die Chancen auf einen hohen Bildungserfolg verringern sich durch ein niedriges Einkommen der Eltern deutlich.[2]

2.2 Exkurs 2: Armut und Migration

Der dritte Armuts- und Reichtumsbericht der Bundesregierung aus dem Jahr 2008 belegt den Zusammenhang zwischen Migrationshintergrund und Armut. So bestätigen die in dem Bericht angegebenen Daten die schwächere Einkommensposition von Menschen mit Migrationshintergrund (vgl. Bundesministerium für Arbeit und Soziales 2008, S. 139).

„Die Einkommenssituation von MigrantInnen wird durch eine ganze Reihe von Faktoren negativ beeinflusst. Zu nennen sind hier insbesondere fehlende berufliche Qualifikationen bzw. nicht anerkannte berufliche Abschlüsse, Sprachbarrieren, Branchenabhängigkeiten sowie unterschiedliches Erwerbsverhalten." (Bundesministerium für Arbeit und Soziales 2008, S. 139f)

So erzielen nur 14% der Menschen mit Migrationshintergrund ein Einkommen über 2000€ (ohne Migrationshintergrund: 23%) und aufgrund der im Durchschnitt geringeren Einkommen sind Personen mit Migrationshintergrund auch einem höheren Armutsrisiko ausgesetzt (vgl. Bundesministerium für Arbeit und Soziales 2008, S. 140).

So sind laut dem Bericht der Bundesregierung aus dem Jahr 2008 28,2% der Bevölkerung mit Migrationshintergrund armutsgefährdet und bei der Bevölkerung ohne Migrationshintergrund sind dies 11,6% (vgl. Bundesministerium für Arbeit und Soziales 2008, S. 141).

„Die Armutsrisikoquote ist definiert als Anteil der Personen, deren bedarfsgewichtetes Nettoäquivalenzeinkommen weniger als 60% des Mittelwerts (Median) aller Personen beträgt. Dieser Grenzwert wird auch als Armutsrisikogrenze oder -schwelle bezeichnet. Damit ist die mittlere Einkommenssituation die Referenzgröße. Dem Risiko der Einkommensarmut unterliegt also, wer einen bestimmten Mindestabstand zum Mittelwert der Gesellschaft aufweist." (Bundesministerium für Arbeit und Soziales 2008, S. 278)

Dieses alles verdeutlicht den Zusammenhang zwischen Migration und Armutsgefährdung. Daher ergibt sich die für die deutsche Gesellschaft relevante Frage, inwiefern das

---

[2] Vgl. http://www.bpb.de/themen/1IT3UG.html

Armutsrisiko bei Menschen mit Migrationshintergrund minimiert bzw. dem entgegengewirkt werden kann.

2.3 Exkurs 3: Strukturdefizite des deutschen Schulsystems

Die frühe Trennung der Bildungswege im deutschen Schulsystem ist ein Problem. SchülerInnen mit ungünstigen Eingangsvoraussetzungen können ihren Rückstand bei schulischen Anforderungen gegenüber Gleichaltrigen kaum aufholen.

Die starke äußere Differenzierung im deutschen Bildungssystem (Haupt- und Realschule sowie Gymnasium) weckt die Illusion der Leistungshomogenität. LehrerInnen werden für den Umgang mit Heterogenität nicht qualifiziert und die Orientierung an leistungshomogenen Lerngruppen beeinflusst den Unterrichtsstil.

Weiterhin begünstigt die Selektionslogik des mehrgliedrigen deutschen Schulsystems die intentionelle Diskriminierung der Migrantenkinder.

2.4 Studierende mit Migrationshintergrund

Zwar hat zwischen 2000 und 2006 der Anteil der Studierenden an der gleichaltrigen Bevölkerung bei den Ausländern leicht zugenommen, jedoch deutlich weniger als bei den Deutschen, so dass der Abstand zu letzteren sogar noch gewachsen ist. (vgl. Bundesamt für Migration und Flüchtlinge 2009, S. 7)

Genauere Aussagen zu den Lebenslagen von Studierenden mit Migrationshintergrund lassen sich anhand der 19. Sozialerhebung des Deutschen Studentenwerks treffen. Diese erschien 2010. Dabei unterscheidet die Sozialerhebung zwischen vier Herkunftsgruppen: niedrig, mittel, gehoben und hoch. Dies bezieht sich auf die soziale Herkunftsgruppe.

So zeigt sich, dass Studierende mit Migrationshintergrund (34%) nahezu dreimal so häufig aus der sozialen Herkunftsgruppe kommen als Studierende ohne Migrationshintergrund (13%). Bei der sozialen Herkunftsgruppe „gehoben" entstammen ca. ein Drittel aller Studierenden ohne Migrationshintergrund dieser Gruppe (37%). (Bundesministerium für Bildung und Forschung 2010, S. 500)

Betrachtet man die Zusammensetzung der Studierenden im Erststudium so zeigt sich, dass nur 11% der Studierenden einen Migrationshintergrund haben. Hiervon sind 4% Eingebürgerte, 3% haben mindestens einen Elternteil mit ausländischer Staatsangehörigkeit, 1% besitzen die doppelte Staatsangehörigkeit und 3% sind BildungsinländerInnen[3]. (Bundesministerium für Bildung und Forschung 2010, S. 503)

Für die Forschungsfrage ist besonders die Gruppe mit mindestens einem Elternteil mit ausländischer Staatsangehörigkeit von Interesse.

Von den deutschen Studierenden, die durch die andere Staatsangehörigkeit der Eltern zu den Studierenden mit Migrationshintergrund zählen (knapp 3 %, absolut rund 46.000), haben relativ wenige Eltern, die beide keine deutschen Staatsangehörigen sind. Fast immer ist zumindest ein Elternteil im Besitz der Deutschen Staatsangehörigkeit (97 %). Die Väter dieser deutschen Studierenden sind häufiger (auch) ausländische Staatsangehörige als die Mütter (58 % vs. 40 %). Ist der Vater Ausländer, so handelt es sich vor allem um Italiener (8 %), Österreicher (8.%), Niederländer (4 %) oder US-Amerikaner (4.%). Die übrigen Väter verteilen sich nach der Staatsangehörigkeit auf mehr als 60 weitere Staaten. Die ausländischen Mütter deutscher Studierender stammen häufiger aus den Niederlanden, aus Österreich oder Polen (jeweils 4 %). Die übrigen Mütter stammen nach der Staatsangehörigkeit aus mehr als 40 weiteren Staaten. (Bundesministerium für Bildung und Forschung 2010, S. 503) Betrachtet man weiterhin die soziale Herkunftsgruppe der Studierenden mit mindestens einem ausländischen Elternteil, so zeigt sich, dass rund 15% aus der niedrigen[4] Gruppe kommen. Rund ein Viertel entstammt aus der mittleren bzw. gehobenen Gruppe. Aber rund 36% sind der höchstens Gruppe zuzurechnen. (Bundesministerium für Bildung und Forschung 2010, S. 506)

In dieser Gruppe der MigrantInnen haben rund 88% die allgemeine Hochschulreife (Abitur), 10% die Fachhochschulreife und 2 % die fachgebundene Hochschulreife. Dies stellt jeweils die Hochschulzugangsberechtigung dar (vgl. Bundesministerium für Bildung und Forschung 2010, S. 507).

---

[3] Unter „BildungsinländerInnen" sind ausländische Studierende an deutschen Hochschulen zu verstehen, welche ihre Hochschulzugangsberechtigung in Deutschland oder an einer deutschen Auslandsschule erworben haben

[4] Hierbei wird zwischen folgenden sozialen Herkunftsgruppen unterschieden: niedrig, mittel, gehoben und hoch. Für detaillierte Angaben hierzu vgl. Bundesministerium für Bildung und Forschung 2010

3. Erläuterung der Forschungsfrage

Die Forschungsfrage, welche diesem Forschungsbericht zugrunde liegt lautet wie folgt: „Welche Bildungsbiografien und Erfahrungen haben MigrantInnen und AusländerInnen mit mindestens einem nicht-deutschen Elternteil in Bezug auf Informationen über Bildungsmöglichkeiten gemacht und welche gesonderten Bedarfe haben sie bezüglich diesen Informationen?"

Aufgrund meiner eigenen Bildungsbiografie und der Tatsache, dass meine Eltern 1973 als Gastarbeiter aus Spanien nach Deutschland kamen, entstand mein Forschungsinteresse.

Das zentrale Forschungsinteresse liegt nun darin, herauszufinden, wie es anderen Studierenden mit mindestens einem nicht-deutschen Elternteil in ihrer Bildungsbiografie ergangen ist und wie sie den Weg an die Hochschule bzw. Universität gefunden haben.

Dem liegt die These zugrunde, dass es sich für MigrantInnen prinzipiell schwieriger gestaltet, den Weg in die höheren Bildungsschichten zu finden. Dies belegen auch die bereits dargestellten statistischen Daten zu MigrantInnen im Schulsystem sowie in der akademischen Ausbildung in Deutschland.

4. Zugang zum Forschungsfeld

Die Datenerhebung fand anhand eines Fragebogens statt. Hierzu wurden insgesamt 10 Personen aus unterschiedlichen Kulturkreisen befragt. Alle Befragten studieren zurzeit und sind im Alter zwischen 19 und 35 Jahren. Dabei wurden sowohl Männer als auch Frauen befragt.

Insgesamt wurde 10 Fragebögen wieder abgegeben. Dies entspricht einer Rücklaufquote von 100%. Die Fragen wurden gezielt so gestellt, dass ausführliche Antworten notwendig waren und keine einfach „Ja" oder „Nein" Antworten möglich waren.

Die Teilnehmer wurden nach dem Zufallsprinzip aus dem universitären Umfeld ausgewählt. Dabei wurde darauf geachtet, dass nicht alle Befragten z.B. an einer Universität bzw. (Fach)Hochschule studieren oder den gleichen Studiengang belegen. Insgesamt wurde eine heterogene Gruppe an Befragten ausgewählt. Voraussetzung war, dass, gemäß der Forschungsfrage, mindestens ein Elternteil nicht-deutsch ist, wobei hiermit die Staatsangehörigkeit gemeint ist.

5. Forschungsmethodik

5.1 Begründung zur Wahl des Fragebogens

Für die Erhebung der Daten habe ich mich für den Einsatz eines Fragebogens entschieden. Ziel war es, vergleichbare Antworten von allen Befragten zu erhalten, weshalb sowohl die Fragen als auch die Befragungssituation und die Antwortmöglichkeiten für alle Teilnehmer identisch waren. In diesem Fall waren die Fragen im Sinne der Forschungsfrage offen gestellt und boten somit Platz für die subjektive Sichtweise des/der Befragten.

„Fragebogen sind dann geeignet für eine Untersuchung, wenn das Vorwissen über den Gegenstand ausreicht, um eine ausreichende Anzahl von Fragen eindeutig zu formulieren, und wenn eine große Zahl von Untersuchungsteilnehmern einbezogen werden soll." (Uwe Flick 2003, S. 113).

Da in dem Fragebogen biografische Daten und Erfahrungswerte abgefragt werden, ist davon auszugehen, dass das Wissen der Befragten ausreicht, um die Fragen entsprechend beantworten zu können.

5.2 Aufbau des Fragebogens

Der Fragebogen umfasst insgesamt neun Seiten, wobei die erste Seite das Deckblatt ist und die Nachfolgende das Forschungsinteresse kurz darstellt.

Auf Seite 3 beginnen dann die qualitativen Fragen. Insgesamt wurden zehn qualitative Fragen gestellt.

Hierbei wird zunächst nach der Zuwanderungsbiografie und den Gründen für die Reise nach Deutschland gefragt. Auf der Seite vier folgen Fragen zur Biografie des Befragten. Als erstes wird gefragt, wie lange die Person schon in Deutschland lebt und ob er/sie zwei-sprachig aufgewachsen ist und wenn ja, mit welchen Sprachen.

Hieran schließt sich die Frage an, welche Sprache zuhause gesprochen wurde und wie es zum Studienbeginn kam. Besonders spannend ist die Frage, wie die Eltern zu dem Studium des/der Befragten stehen.

Auf Seite fünf wird darum gebeten die eigene Zuwanderungsgeschichte zu schildern. Anschließend wird der Übergang von Schule ins Studium bzw. in die Ausbildung abgefragt.

Um die Forschungsfrage gezielt beantworten zu können schließt sich auf Seite sieben die Frage an, wie sich der/die Befragte über Studienmöglichkeiten informiert hat oder wer sie/ihn darüber informiert hat.

Die qualitativen Fragen schließen auf Seite acht mit der Frage an, ob der/die Befragte aktuell zufrieden mit seine/r Entscheidung für ein Studium ist und wie sich die Haltung seiner Eltern zu dieser Entscheidung gestaltet.

Auf Seite neun folgen die sozio-ökonomischen, quantitativen, Fragen mit den Angaben zur Person. Hier werden nun Geschlecht, Alter, Familienstand, Kinder, Religion und Wohnort abgefragt. Weiterhin wird der höchste Schulabschluss mit den Möglichkeiten Hauptschule, Realschule oder Abitur zum Ankreuzen abgefragt.

Weiterhin wird hier gefragt, ob eine abgeschlossene Berufsausbildung oder ein Erststudium besteht und wenn ja, welche/s. Außerdem wird der aktuelle Beruf und der aktuelle Studiengang sowie der Name der Universität, Hochschule bzw. Fachhochschule, in welcher der/die Befragte eingeschrieben ist, abgefragt.

5.3 Qualitative Inhaltsanalyse nach Philipp Mayring

Mit der Qualitativen Inhaltsanalyse nach Philipp Mayring wurde ein Verfahren zur Auswertung der Daten gewählt, welches uns zur Analyse subjektiver Sichtweisen besonders geeignet erscheint. Dies bezieht sich ausschließlich auf die qualitativen Fragen des Fragebogens.

Das Verfahren der qualitativen Inhaltsanalyse gliedert sich in drei Techniken:

1. Zusammenfassung:

Ziel dieser Technik ist es, das Material so zu reduzieren, dass die wesentlichen Inhalte erhalten bleiben. Hier wird durch Abstraktion eine überschaubare Zusammenstellung geschaffen, welche jedoch immer noch das Grundmaterial abbildet (vgl. Mayring 2003, S. 58). Hierbei werden induktive Kategorien anhand des vorliegenden Materials gebildet. Eine deduktive Kategoriendefinition bestimmt das Auswertungsinstrument anhand von theoretischen Überlegungen (vgl. Philipp Mayring 2003, S. 74).

2. Explikation:

Ziel dieser Technik ist es, zu einzelnen fraglichen Textteilen (z.B. Begriffen, Sätzen etc.) zusätzliches Material beizutragen, welches das Verständnis erweitert und die Textstelle erläutert oder erklärt (vgl. Philipp Mayring 2003, S. 58).

3. Strukturierung:

Ziel dieser Technik ist es, bestimmte Aspekte aus dem Material herauszufiltern und unter vorher festgelegten Ordnungskriterien einen Querschnitt durch das Material zu legen oder das Material aufgrund bestimmter Kriterien einzuschätzen und zu strukturieren (vgl. Philipp Mayring 2003, S. 58).

Für den Auswertungsprozess habe ich das zusammenfassende inhaltsanalytische Verfahren gewählt. Die Interpretation des Materials der vorliegenden Befragung bedeutet „eine intensive Beschäftigung mit Bedeutungen, Sinnzusammenhängen und jenen Kontexten, die eine bestimmte Sinngenerierung wahrscheinlich machen." (Ulrike Froschauer/Manfred Lueger 2003, S. 83).

Induktive Kategorienbildung

Bei der zusammenfassenden Inhaltsanalyse wird das Material paraphrasiert, um bedeutungsgleiche und weniger relevante Passagen zu streichen. Dies ist die erste Reduktion. Bei der zweiten Reduktion werden dann ähnliche Paraphrasen gebündelt und zusammengefasst (vgl. Uwe Flick 2009, S. 150). Aus diesem Material heraus werden dann die induktiven Kategorien gebildet.

Die induktiven Kategorien streben nach einer möglichst „naturalistischen, gegenstandsnahen Abbildung des Materials ohne Verzerrungen durch Vorannahmen des Forschers, eine Erfassung des Gegenstands in der Sprache des Materials." (Philipp Mayring 2003, S. 75)

Eine induktive Kategorie spiegelt also ein Phänomen, einen Begriff aus dem Material wider, ohne sich auf Theoriekonzepte zu beziehen.

„Das Grundmodell der zusammenfassenden qualitativen Inhaltsanalyse lässt sich sehr gut für die induktive Bildung von Kategorien verwenden, die dann im weiteren Verlauf der Auswertung, z.B. bei der strukturierenden Inhaltsanalyse, deduktiv angewendet werden." (Udo Kuckartz 2007, S. 94)

<u>Deduktive Kategorienbildung</u>

Deduktive Kategorien sind vor der Auswertung der Daten bereits festgelegte, theoretisch begründete Kategorien. Aus Voruntersuchungen, aus dem bisherigen Forschungsstand, aus neu entwickelten Theorien oder Theoriekonzepten werden Kategorien im Hinblick auf das vorliegende Datenmaterial entwickelt. Ein Beispiel hierfür ist die strukturierende Inhaltsanalyse (vgl. Philipp Mayring 2003, S. 74f.).

Bei der Auswertung der Befragung wird die deduktive Kategorienbildung vernachlässigt und die induktive Kategorienbildung steht im Mittelpunkt.

6. Auswertung der Daten

Zunächst einmal wurden die Daten durchgesehen und die sozio-ökonomischen Daten analysiert und ausgewertet. Angelehnt an die oben formulierten Grundlagen der Qualitativen Inhaltsanalyse wurden die Daten der qualitativen Fragen zunächst paraphrasiert und danach in einer zweiten Reduktion gebündelt und zusammengefasst. Hieraus wurden dann die induktiven Kategorien gebildet.

Nachfolgend werden die aufbereiteten und im Sinne der qualitativen Inhaltsanalyse nach Philipp Mayring zusammengefassten Daten dargestellt.

6.1 Quantitative Daten

Wie bereits erwähnt wurden für die Befragung, anhand des Fragebogens, zehn Personen ausgewählt. Allen gemein ist, dass sie Studenten sind und mindestens ein Elternteil nichtdeutscher Herkunft haben. Dies waren die Auswahlkriterien.

Fünf Befragten waren männlich und fünf waren weiblich. Das Alter bewegt sich zwischen 20 und 35 Jahren. Das Durchschnittsalter, welches sich anhand des arithmetischen Mittels errechnen lässt, beträgt 24,8 Jahre für die befragte Gruppe an Studenten. Alle Studenten bis auf eine Person sind ledig. Eine Person ist verheiratet. Niemand hat Kinder. Bei der Frage nach der Religion überwiegt der Islam mit sechs Personen, eine Person ist evangelisch-freikirchlich, eine weitere Person ist griechisch-orthodox, ein/e Befragte/r ist römisch-katholisch. Eine weitere Person hat angegeben, keiner Religion anzugehören.

Fünf der befragten Personen wohnen in Marburg, zwei in Frankfurt am Main und jeweils eine Person in Friedberg (Hessen), Mannheim und Viernheim (Hessen).

Sieben Personen verfügen über die Allgemeine Hochschulreife (Abitur) und drei Personen geben die Fachhochschulreife als höchsten Schulabschluss an.

Vier der zehn Befragten geben an, bereits eine Ausbildung/Studium abgeschlossen zu haben. Eine Person verfügt bereits über einen Bachelor in Orientwissenschaften. Drei weitere Personen haben jeweils eine Ausbildung zum Bürokaufmann, Kaufmann im Großhandel und als KFZ-Mechaniker abgeschlossen.

Gemäß den Kriterien zur Auswahl der Personen sind alle Befragten aktuell Studenten und an einer Hochschule bzw. Universität immatrikuliert.

So studieren fünf Personen Orientwissenschaften B.A., eine Person Iranistik M.A., eine weitere Person jeweils Soziale Arbeit B.A., Humanmedizin, Betriebswirtschaftslehre B.A. und Maschinenbau B.A..

Die zehn Studenten zur Hälfte in Marburg an der Philipps-Universität. Die andere Hälfte verteilt sich auf die Evangelische Hochschule Darmstadt, die Technische Hochschule Mittelhessen mit Standort in Gießen/Friedberg, die Justus-Liebig-Universität in Gießen sowie die Fachhochschule in Ludwigshafen.

6.2 Qualitative Daten

Im Folgenden werden die Ergebnisse der qualitativen Fragen des Fragebogens dargestellt und im Sinne der „Zusammenfassenden qualitativen Inhaltsanalyse" von Philipp Mayring in induktiven Kategorien zusammengefasst. Dabei werden stets Aussagen für die Gruppe als Gesamtes getroffen. Die Ergebnisse nach Einzelpersonen oder z.B. nach gemeinsamen Heimatländern der Eltern aufzuschlüsseln, würde den Rahmen dieser Arbeit übersteigen. Daher werden die Einzelpersonen als Gruppe mit den Merkmalen „Student" und „mindestens ein nichtdeutsches Elternteil" zusammenfassend betrachtet. Dieses Verfahren eignet sich meines Erachtens nach am besten, um die in der Einleitung formulierte Forschungsfrage zu beantworten.

Die nachfolgenden Fragen finden sich auf den Seiten drei bis acht des Fragebogens.

Zunächst wurde im Fragebogen nach den Eltern gefragt und zwar wie bzw. wann die Eltern des/der Befragten nach Deutschland kamen. Weiterhin wurde gefragt, aus welchen Gründen dies geschah. Hier lässt sich nun für die Gruppe sagen, dass externe Faktoren stets der Grund für die Migration der Eltern waren. In keinem Fall fand die Migration grundlos oder freiwillig stat. Stattdessen sahen sich die Eltern zum Handeln gezwungen. Als Faktoren sind hier folgenden zu nennen: Geld, Arbeit, Bildung sowie Familien(zusammenführung). Parallel dazu steht die Flucht aus politischen Gründen und der Antrag auf Asyl in Deutschland als Grund für die Migration. Hieraus lässt sich die induktive Kategorie „externe Migrationsfaktoren" ableiten.

Die zweite Frage betraf die Studierenden selbst. Hierbei wurde gefragt, wie lange sie selbst schon in Deutschland leben. Auf Seite fünf des Fragebogens wurde dann ergänzend nach der Zuwanderungsgeschichte der Studierenden gefragt. Da neun von zehn der Befragten in

Deutschland geboren sind lassen sich diesen beiden Fragen zusammenfassend beantworten. Eine Person ist im Alter von 6 Jahren nach Deutschland mit seinen Eltern eingewandert. Insgesamt sind also alle zehn Befragten typische Kinder der zweiten Zuwanderergeneration. Aus den Antworten auf die zweite Frage ergibt sich die induktive Kategorie „Geburt in Deutschland".

Auf der Seite vier schloss sich die Frage nach der Ressource der Mehrsprachigkeit an. Für die Gruppe lässt sich sagen, dass alle mit der deutschen Sprache aufgewachsen sind. Ergänzend dazu haben jedoch 90% der Befragten eine Zweitsprache gelernt. Dies ist die Muttersprache der Eltern. Diese Mehrsprachigkeit lässt sich als Ressource insbesondere für das Studium ansehen.

Auf die Frage, welche Sprache zuhause gesprochen wurde, gaben 70% an, dass es die Muttersprache der Eltern war. 30% gaben an, dass zuhause sowohl Deutsch als auch die Muttersprache gesprochen wurden.

Für diese beiden Fragen bildet sich die induktive Kategorie „Mehrsprachigkeit als Ressource" bilden.

Es folgten die Fragen, wie es dazu kam, dass die Befragten studieren konnten und was die Haltung der Eltern hierzu war. Die eine Hälfte der befragten Personen gab an, dass sie Eigeninitiative gezeigt haben und die andere Hälfte gab an, dass sie Ratschlägen von anderen, insbesondere der Eltern, gefolgt waren. Insgesamt lässt sich für die Gruppe sagen, dass ein hohes Maß an Eigeninitiative gefordert war auf dem Weg ins Studium. Gleichzeitig war aber auch eine hohe Anspruchshaltung der Eltern vorhanden. Hieraus lässt sich die induktive Kategorie „Anspruch der Eltern" bilden.

Die nächste Frage widmete sich dem Übergang von der Schule ins Studium bzw. in die Ausbildung. Auch hier zeigt sich wieder, dass ein hohes Maß an Eigeninitiative für diese Gruppe gefordert war. Für die Gruppe zeigten sich beim Übergang verschiedene Hindernisse. Hier sind zum einen Unwissenheit zu nennen, aber auch bürokratische Hindernisse z.B. Sprachtests und Zulassungsbeschränkungen der Universitäten bzw. der (Fach-)Hochschulen. „Aufwachsen in Deutschland" ist die induktive Kategorie für diese Frage.

Hieran schloss sich die Frage an, wie sich der/die Befragte über Studienmöglichkeiten informierte und von wem er/sie diese Informationen erhielt. Auch hier zeigt sich, dass ein hohes Maß an Eigeninitiative gefordert war, um an die relevanten Informationen zu gelangen.

Gleichzeitig wurden Freunde, Bekannte, Lehrer und Familie befragt. Ebenso ist das Internet als eine zentrale Informationsquelle zu nennen.

Für diese beiden Fragen ergibt sich die Kategorie „Eigeninitiative". Dies zeigt, dass die Eigeninitiative der Studierenden sehr wichtig ist in Bezug auf die Forschungsfrage.

Die Frage, ob die Studierenden aktuell zufrieden mit ihrer Entscheidung für ein Studium sind, wurde von allen mit Ja beantwortet. Es zeigt sich für die Gruppe, dass sich der Aufwand gelohnt hat. Hieraus ergibt sich die induktive Kategorie „Lohn".

Mit der letzten Frage wurde die Haltung der Eltern bezüglich des Studiums des/der Befragten abgefragt. Hier zeigt sich, dass nach Meinung der Gruppe die Eltern stolz auf ihre Kinder sind und sie unterstützen. Die letzte zu bildende Kategorie ist „Unterstützung durch die Eltern".

Somit ergeben sich zusammenfassend folgende induktive Kategorien: Externe Migrationsfaktoren, Geburt in Deutschland, Mehrsprachigkeit als Ressource, Anspruch der Eltern, Aufwachsen in Deutschland, Eigeninitiative, Lohn und Unterstützung durch die Eltern.

7. Zusammenfassung und Ergebnisse

Zusammenfassend lässt sich nun anhand der gebildeten induktiven Kategorien sagen, dass ein hohes Maß an Eigeninitiative gefordert war und immer noch ist bei den Studierenden dieser Gruppe. Gleichzeitig ist ebenso eine Anspruchshaltung der Eltern gegenüber ihren Kindern vorhanden. Die Kinder sollen die Bildungschancen nutzen. Die Befragung zeigt, dass diese Tatsache die Eltern mit Stolz erfüllt und sie ihre Kinder beim Studium nach ihren Möglichkeiten unterstützen.

Die Befragten hatten bei ihrem Weg ins Studium verschiedene Hürden, vorwiegend bürokratische, zu überwinden. Dabei waren sie auf den Rat und die Informationen von Freunden, Bekannten, Lehrer und der Familie angewiesen. Gleichzeitig erwies sich das Internet als eine der zentralen Informationsquellen. Doch auch hier war viel Eigeninitiative gefordert.

Die Fähigkeit über eine zweite Muttersprache zu verfügen ist als wichtige Ressource anzusehen. Insbesondere für das Studium ist dies hilfreich.

Die Eltern kamen aufgrund von externen Migrationsfaktoren nach Deutschland. Sie suchten Arbeit, Asyl oder Bildungsmöglichkeiten für sich und ihre Kinder. Ein weiterer Grund war die Familienzusammenführung.

Insgesamt schätzen die Eltern, nach Meinung ihrer Kinder, das Studium als Ausbildungsmöglichkeit am höchsten ein und motivieren ihre Kinder diesen Weg zu beschreiten. Unter Umständen setzen sie ihre Kinder bewusst oder unbewusst unter Druck.

Insgesamt zeigt sich also für die befragten Studierenden, dass sie in einem Spannungsverhältnis zwischen Anspruch und Unterstützung durch die Eltern stehen und gleichzeitig von ihnen selbst viel Eigeninitiative auf dem Weg ins Studium gefordert ist.

8. Abschließende Einschätzung und Fazit

Die 19. Sozialerhebung des Deutschen Studentenwerks aus dem Jahr 2009 gibt an, dass nur knapp 3%, absolut 46.000 Studierende, mindestens 1 nichtdeutsches Elternteil haben. (vgl. Beauftragte der Bundesregierung für Migration, Flüchtlinge und Integration 2010, S. 89)

Wie bereits vorher in dieser Arbeit erwähnt zeigen entsprechende statistische Erhebungen, dass Ausländer bzw. Personen mit Migrationshintergrund an (Fach-)Hochschulen und Universitäten in Deutschland deutlich unterrepräsentiert sind. Dabei ist dies nicht Ausdruck geringerer Studienbereitschaft, sondern der bereits in den vorangegangenen Bildungsstufen stattgefundenen Selektionsprozesse. (vgl. Bundesamt für Migration und Flüchtlinge 2009, S. 7)

Diese statistischen Daten und die Ergebnisse der Befragung zeigen, dass hier Handlungsbedarf herrscht. Zunächst einmal sind mehr Informationen für Schulabgänger, insbesondere über Studienmöglichkeiten nach der Schule bzw. nach abgeschlossener Ausbildung, notwendig. Dies setzt eine aktive Informationspolitik und eine verstärkte Netzwerkarbeit von Schulen, Universitäten, (Fach-)Hochschulen, Ausbildungsbetrieben sowie der Bundesagentur für Arbeit voraus.

Für die Handlungsfelder der Sozialen Arbeit bedeutet dies eine ebenso aktive Informationspolitik z.B. in Jugendzentren im Stadtteil. Dadurch können gezielt MigrantInnen und junge AusländerInnen erreicht werden. Versteht man die Soziale Arbeit als Berufsgruppe mit einem sozialpolitischen Auftrag, so sind hier ebenso politische Maßnahmen erforderlich und notwendig. Diese Forderungen an die Politik müssen darauf abzielen, MigrantInnen und AusländerInnen den Zugang zum Studium zu erleichtern. Insbesondere die Anerkennung von im Ausland erworbenen Bildungsabschlüssen ist wichtig.

Weiterhin ist Netzwerkarbeit wichtig, um die Institutionen miteinander zu verknüpfen und Angebote besser an die Zielgruppe heran zu tragen. Hierzu zählt auch die Elternarbeit z.b. vermehrte Informationen über die Bildungsmöglichkeiten ihrer Kinder.

Abschließend lässt sich sagen, dass die Kinder der zweiten Zuwanderergeneration verstärkt höhere Bildungsabschlüsse anstreben. Diese Gruppe zeichnet sich durch ein hohes Maß an Eigeninitiative und die ebenso hohe Anspruchshaltung ihrer Eltern ihnen gegenüber aus.

Literaturverzeichnis

AWO Bundesverband e.V. (2009): Was hält die Gesellschaft zusammen? Sozialbericht 2009 - Zur Zukunft der sozialen Arbeit in Deutschland. Essen: Klartext.

Beauftragte der Bundesregierung für Migration, Flüchtlinge und Integration (Hrsg.)(2010): 8. Bericht der Beauftragten der Bundesregierung für Migration, Flüchtlinge und Integration über die Lage der Ausländerinnen und Ausländer in Deutschland. Bonifatius: Paderborn.

Beauftragte der Bundesregierung für Migration, Flüchtlinge und Integration (Hrsg.) (2009): Integration in Deutschland. Erster Indikatorenbericht. Erstellt für die Beauftragte der Bundesregierung für Migration, Flüchtlinge und Integration. Berlin: Königsdruck.

Bundesamt für Migration und Flüchtlinge (2009): Berufliche und akademische Ausbildung von Migranten in Deutschland. Nürnberg.

Bundesministerium des Innern (Hrsg.)(2008): Migrationsbericht des Bundesamtes für Migration und Flüchtlinge im Auftrag der Bundesregierung. Migrationsbericht 2007. Berlin: Bonifatius.

Bundesministerium des Innern (Hrsg.) (2008b): Migration und Integration. Aufenthaltsrecht, Migrations- und Integrationspolitik in Deutschland. Berlin: Silber Druck oHG.

Bundesministerium für Arbeit und Soziales (Hrsg.) (2008): Lebenslagen in Deutschland. Der dritte Armuts- und Reichtumsbericht der Bundesregierung. Berlin.

Bundesministerium für Arbeit und Soziales (Hrsg.) (2008b): Lebenslagen in Deutschland. Der dritte Armuts- und Reichtumsbericht der Bundesregierung – Kurzfassung. Berlin.

Bundesministerium für Bildung und Forschung (2010): Die wirtschaftliche und soziale Lage der Studierenden in der Bundesrepublik Deutschland 2009. 19. Sozialerhebung des Deutschen Studentenwerks durchgeführt durch HIS Hochschul-Informations-System. Bonn, Berlin.

Flick, Uwe (2009): Sozialforschung. Methoden und Anwendungen – Ein Überblick für die BA-Studiengänge. Reinbek bei Hamburg: Rowohlt Taschenbuch Verlag.

Froschauer, Ulrike; Lueger, Manfred (2003): Das qualitative Interview. Zur Praxis interpretativer Analyse sozialer Systeme. Wien: WUV-UTB Verlag.

Koch, Ute (2009[2]): Migration und Soziale Arbeit. In: Wagner, Leonie/Lutz, Ronald (Hrsg.): Internationale Perspektiven Sozialer Arbeit. Dimensionen – Themen – Organisationen. Wiesbaden: VS Verlag für Sozialwissenschaften, S. 173-190.

Kuckartz, Udo (2007): Einführung in die computergestützte Analyse qualitativer Daten. Wiesbaden: VS-Verlag.

Mayring, Philipp (2003[8]): Qualitative Inhaltsanalyse. Grundlagen und Techniken. Weinheim: Beltz Verlag.

Meier-Braun, Karl-Heinz (2007): Der lange Weg ins Einwanderungsland Deutschland. In: Frech, Sigfried/Meier-Braun, Karl-Heinz (Hrsg.): Die offene Gesellschaft. Zuwanderung und Integration. Schwalbach/Ts: Wochenschau, S.21-40.

Statistisches Bundesamt (Hrsg.) (2008): Bevölkerung und Erwerbstätigkeit. Bevölkerung mit Migrationshintergrund – Ergebnisse des Mikrozensus 2006. Wiesbaden.

Statistisches Bundesamt (Hrsg.) (2009): Bevölkerung und Erwerbstätigkeit.   Bevölkerung mit Migrationshintergrund –Ergebnisse des Mikrozensus 2009.   Wiesbaden.

Terkessidis, Mark (2010): Interkultur. Berlin: Suhrkamp Verlag.

Sonstige Quellen

http://www.bpb.de/themen/1IT3UG.html [Abruf am 17. August 2011]

http://www.destatis.de/jetspeed/portal/cms/Sites/destatis/Internet/DE/Navigation/Statistiken/Bevoelkerung/MigrationIntegration/MigrationIntegration.psml [Abruf am 23.Juli 2011]